AF234852

Impressum
Verlag: BABADADA GmbH, Nedderfeld 112 , 22529 Hamburg
Geschäftsführer / Verlagsleitung: Harald Hof
Druck: Books on Demand GmbH, In de Tarpen 42, 22848 Norderstedt

Imprint
Publisher: BABADADA GmbH, Nedderfeld 112 , 22529 Hamburg, Germany
Managing Director / Publishing direction: Harald Hof
Print: Books on Demand GmbH, In de Tarpen 42, 22848 Norderstedt, Germany

School

shkolla

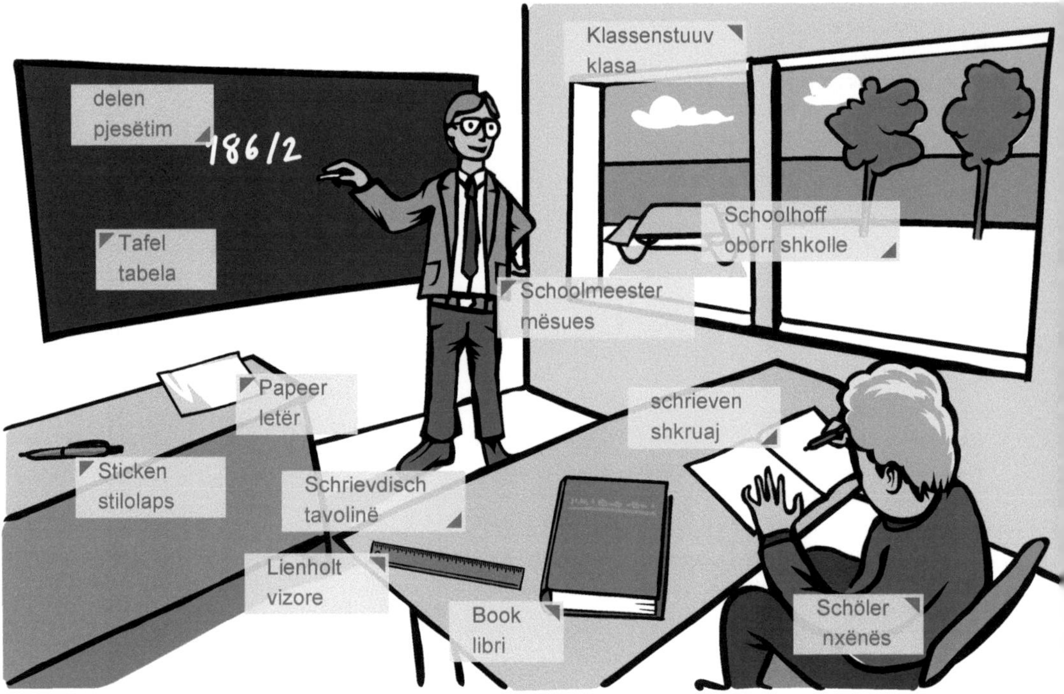

Klassenstuuv
klasa
delen
pjesëtim
186/2
Tafel
tabela
Schoolhoff
oborr shkolle
Schoolmeester
mësues
Papeer
letër
schrieven
shkruaj
Sticken
stilolaps
Schrievdisch
tavolinë
Lienholt
vizore
Book
libri
Schöler
nxënës

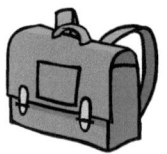

Ranzel

çantë

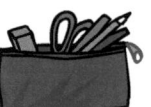

Feddermapp

mbajtëse lapsash

Bleesticken

laps

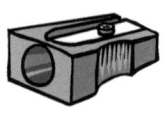

Scharpmaker

mprehës lapsash

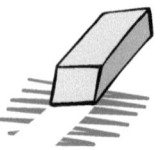

Radeergummi

gomë

Tekenblock

fletore vizatimi

Teken

vizatim

Pinsel

penel

Malkassen

kuti bojërash

Scheer

gërshërë

Klever

ngjitës

Heft to'n Öven

fletore detyrash

Huusopgaav

detyrë shtëpie

Tall

numër

tohooptellen

mbledh

aftrecken

zbres

malnehmen

shumëzoj

reken

llogaris

Bookstaav

gërmë

ABC

alfabeti

Woort

fjalë

Text

tekst

lesen

lexoj

Kried

shkumës

Stunn

mësim

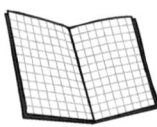

Klassenbook

regjistër

Pröven

provim

Tüügnis

çertifikatë

Schooluniform

uniformë shkolle

Utbillen

arsimim

Nakieksel

enciklopedia

Universität

universitet

Mikroskop

mikroskop

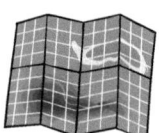

Koort

hartë

Papeerkorf

kosh letrash

Törn
udhëtim

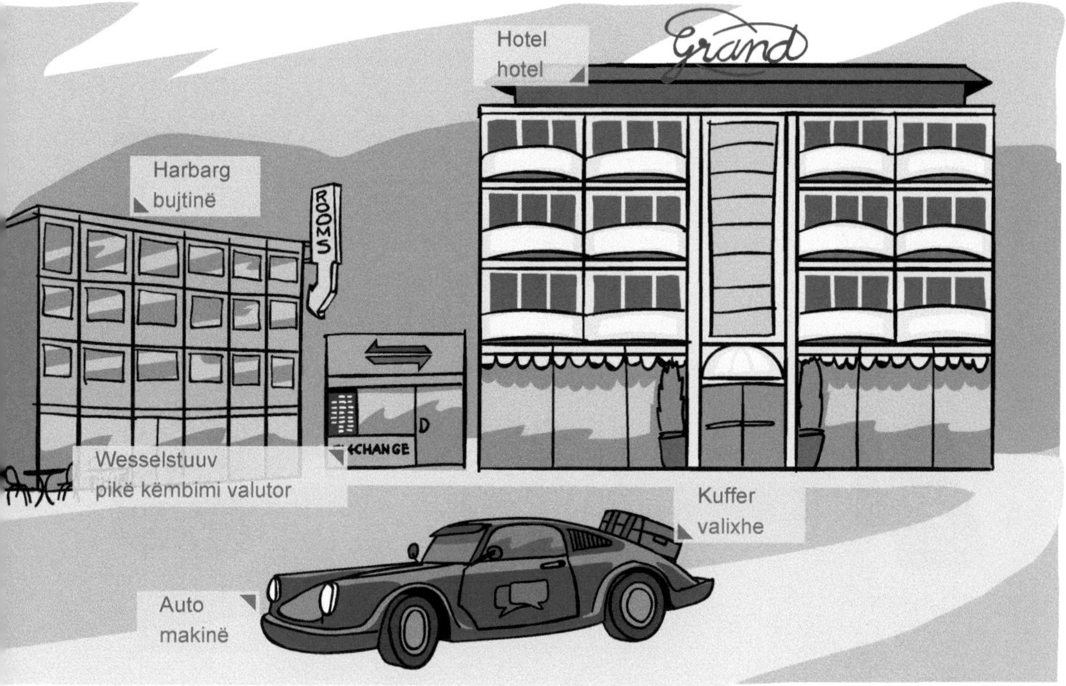
Hotel
hotel
Grand
Harbarg
bujtinë
ROOMS
EXCHANGE
Wesselstuuv
pikë këmbimi valutor
Kuffer
valixhe
Auto
makinë

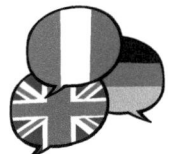

Spraak
gjuhë

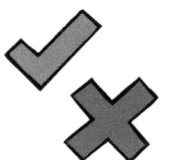

jo / ne
po / jo

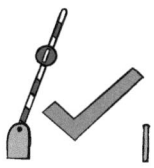

Jo
Në rregull

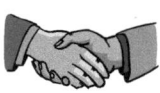

Moin
ç'kemi

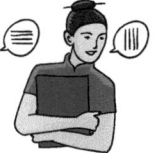

Översetter
përkthyes

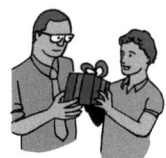

Dank ok
Faleminderit

Wat kost...?

sa kushton...?

Ik verstah nich

nuk e kuptoj

Problem

problem

Goden Avend

Mirëmbrëma!

Moin!

Mirëmëngjes!

Gode Nacht!

Natën e mirë!

Tschüüs

mirupafshim

Richt

drejtim

Bagaasch

bagazhet

Tasch

çantë

Rüchsack

çantë shpine

Gast

mysafir

Stuuv

dhomë

Slaapsack

thes gjumi

Telt

tendë

Touristeninformatschoon

informacion për turistët

Strand

plazh

Kreditkoort

kartë krediti

Fröhstück

mëngjes

Meddageten

drekë

Avendeten

darkë

Fohrkort

Biletë

Fohrstohl

ashensor

Breefmark

pulla

Grenz

kufi

Toll

doganë

Bottschop

ambasadë

Visum

vizë

Pass

pasaportë

Transport

transport

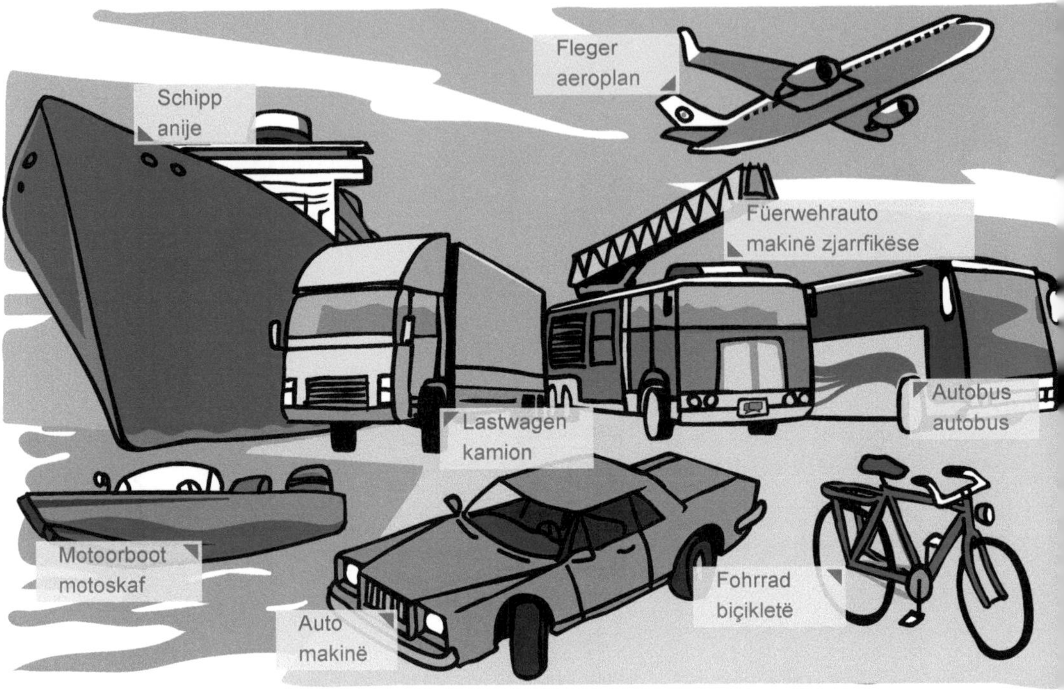
Schipp
anije
Fleger
aeroplan
Füerwehrauto
makinë zjarrfikëse
Lastwagen
kamion
Autobus
autobus
Motoorboot
motoskaf
Auto
makinë
Fohrrad
biçikletë

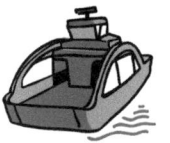

Fähr

traget

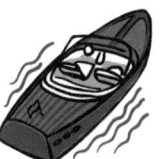

Boot

varkë

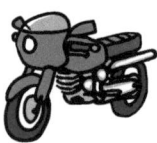

Motoorrad

motoçikletë

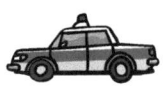

Polizeiauto

makinë policie

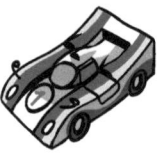

Rönnauto

makinë garash

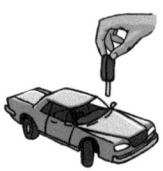

Lehnwagen

makinë me qira

Carsharing

ndarje e qirasë së makinës

Afsleepwagen

karroatrec

Müllauto

makinë plehrash

Motoor

motor

Kraftstoff

benzinë

Tanksteed

pikë karburanti

Verkehrsschild

sinjalistikë trafiku

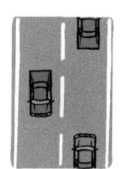

Verkehr

trafik

Stau

bllokim trafiku

Afstellplatz

parkim makinash

Bahnhoff

stacion treni

Sporen

trase

Tog

tren

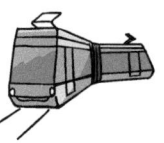

Stratenbahn

tramvaj

Wagon

karro

Dwarsmöhl

helikopter

Flooghaven

aeroport

Tower

kullë

Fohrgast

pasagjer

Grootkist

kontenier

Karton

kuti kartoni

Koor

qerre

Korf

shportë

starten / lannen

ngrihem / ulem

Stadt

qytet

Dörp

fshat

Binnenstadt

qendra e qytetit

Huus

shtëpi

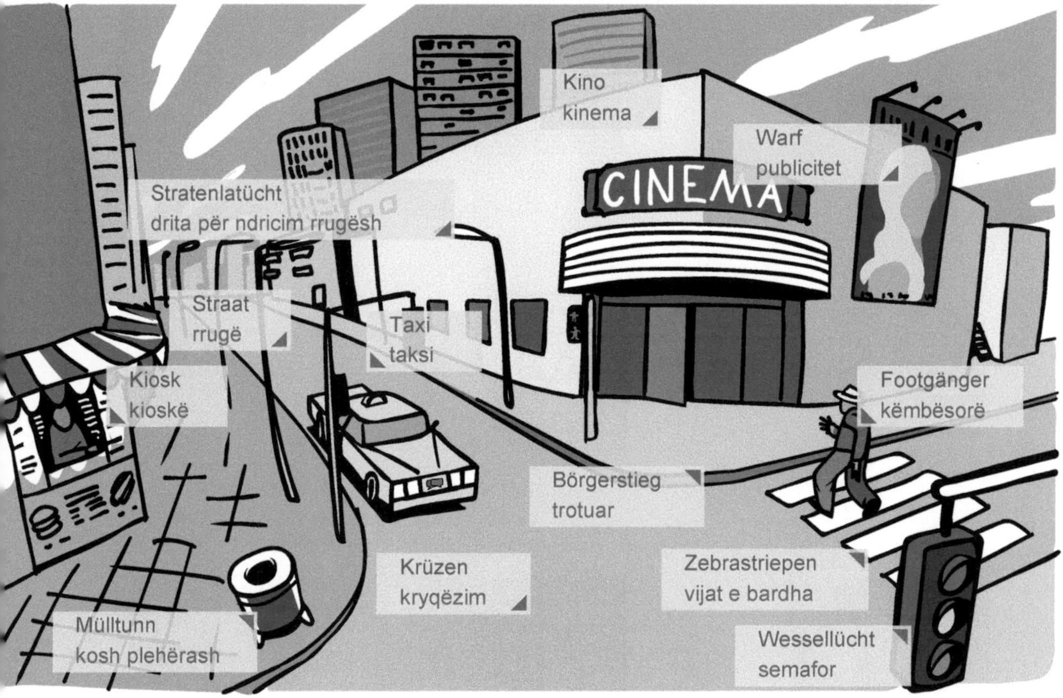

Kino
kinema

Warf
publicitet

Stratenlatücht
drita për ndricim rrugësh

CINEMA

Straat
rrugë

Taxi
taksi

Kiosk
kioskë

Footgänger
këmbësorë

Börgerstieg
trotuar

Krüzen
kryqëzim

Zebrastriepen
vijat e bardha

Mülltunn
kosh plehërash

Wessellücht
semafor

Hütt

kasolle

Wahnung

apartament

Bahnhoff

stacion treni

Raathuus

bashki

Museum

muze

School

shkolla

Universität

universitet

Bank

bankë

Krankenhuus

spital

Hotel

hotel

Afteek

farmaci

Büro

zyrë

Bookhökerie

librari

Hökerie

dyqan

Blomenhökerie

dyqan lulesh

Supermarkt

supermarket

Markt

market

Koophuus

mapo

Fischhökerie

dyqan peshku

Inkoopszentrum

qëndër tregtare

Haven

port

Parkanlaag
park

Bank
stol

Brüch
urë

Trepp
shkallë

Ünnergrundbahn
metro

Tunnel
tunel

Busstoppsteed
stacion autobuzi

Bar
bar

Spieslokal
restorant

Breefkassen
kuti postare

Stratenschild
sinjalistikë rrugore

Parkklock
kohëmatës parkimi

Deertenpark
kopsht zoologjik

Baadanstalt
pishinë

Moschee
xhami

Buernhoff
fermë

Ümweltversmudden
ndotje

Karkhoff
varrezë

Kark
kishë

Speelplatz
shesh lojërash

Tempel
tempull

Landschop
peisazh

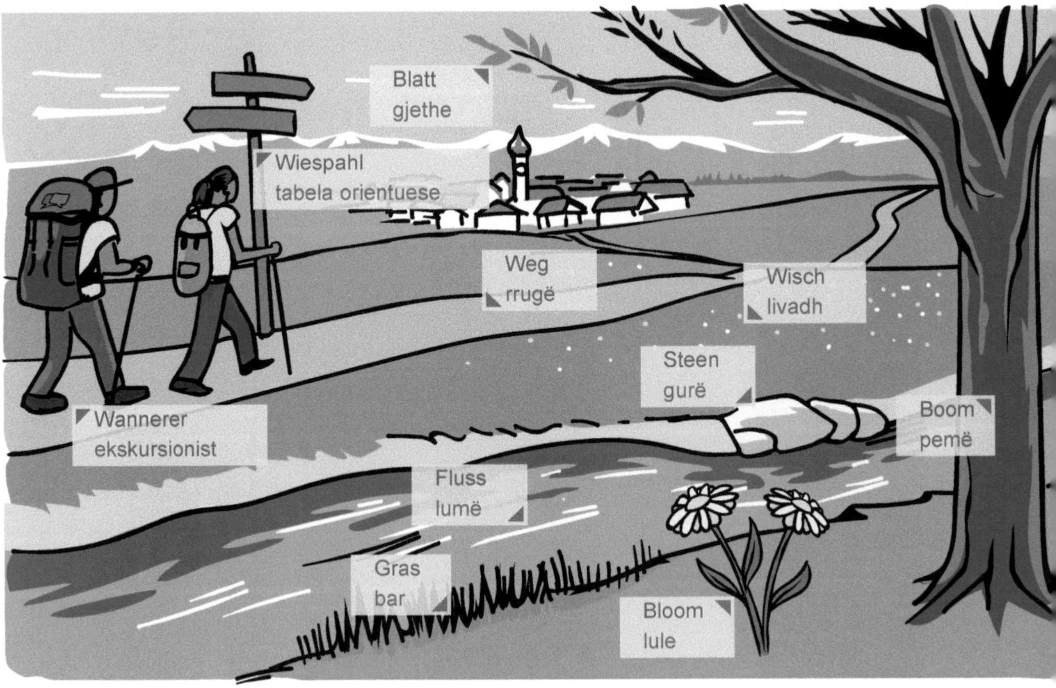

Blatt
gjethe

Wiespahl
tabela orientuese

Weg
rrugë

Wisch
livadh

Steen
gurë

Boom
pemë

Wannerer
ekskursionist

Fluss
lumë

Gras
bar

Bloom
lule